好妈妈共读有办法

好妈妈共读故事三十篇

余雷 著

浙江少年儿童出版社·杭州

目录

01 妈妈的生日 …… 1
02 等待秋天 …… 5
03 一个桃子长大了 …… 9
04 美景留言册 …… 13
05 原来生气也很好 …… 17
06 一颗牙齿掉下来 …… 21
07 带着妈妈去上学 …… 25
08 第一次做菜的厨师 …… 29
09 太阳是怎么回家的 …… 33
10 爸爸小时候最想做的事 …… 37
11 云朵星球 …… 41
12 最干净的教室 …… 45
13 跟晚霞说再见 …… 49
14 和云朵捉迷藏 …… 53
15 最棒的厨房 …… 57

| 16 跑步比赛 …… 61
| 17 我们一起打呼噜 …… 65
| 18 追赶太阳的蜗牛 …… 69
| 19 水果节 …… 73
| 20 特别的生日礼物 …… 77
| 21 给书洗个澡 …… 81
| 22 倒霉的一天 …… 85
| 23 道歉信 …… 89
| 24 像小狗一样快乐地叫 …… 93
| 25 好朋友牌计时器 …… 97
| 26 我的朋友请走开 …… 101
| 27 我要做个好警长 …… 105
| 28 阿黑大侠 …… 109
| 29 野餐去 …… 113
| 30 可以吃的愿望 …… 117

01 妈妈的生日

小狗阿福有两个哥哥：大哥阿黑，是一条黑狗；二哥阿白，是一条白狗。小狗阿福是一条黑白两色的小花狗，阿福是妈妈给她取的。

哥哥们很喜欢阿福，阿福也很喜欢他们。

这一天，阿福听外婆说是妈妈的生日，她连忙找到哥哥们，说："今天是妈妈的生日，我们给妈妈准备一个生日宴会吧。"

阿黑说："没问题，我去买妈妈最喜欢的大包子。"

阿白说："我去买大蛋糕。"

阿福说："我和你们一起去吧，我们要给妈妈买一个最大最大的蛋糕。"

阿黑摇摇头说:"不,你有更重要的事情要做。你去把我们的邻居都请来参加妈妈的生日宴会吧。"

"好的,我一定能做到!"阿福用力地点点头。

哥哥们走了,阿福掰着指头算了算,有多少个邻居呢?住在附近的有小公鸡喔喔、小青蛙呱呱、小白兔跳跳、山羊大婶、长耳朵老师……哎呀,邻居真多啊,指头都掰完了,还没算完呢!

"哎呀,不算了。我一家一家去请他们吧。"阿福说着,走出了家门。

阿福决定先去小公鸡喔喔家。路过一片草地的时候,阿福发现草地上盛开着许多五颜六色的鲜花,微风吹过,花儿们轻轻摇摆着,看上去美极了。阿福突然有了一个想法:如果采一束鲜花送给妈妈,妈妈一定会很高兴的。

阿福跑到草地中央,左看看,右看看,每朵鲜花都很好看。

"采哪一朵呢?"阿福犹豫了好半天,最后决定,每种颜色的鲜花各采一朵。她采了一朵红色的,又采了一朵黄色的,再采了一朵白色的……天快黑了，阿福终于采了一大束鲜花，她高高兴兴地回家去了。

哥哥们已经把生日宴会需要的一切都准备好了。阿福把鲜花插在桌子中央，大家都说很好看。

妈妈回家了，她惊讶地问："天哪，你们想干什么？"

"妈妈，我们想让您有一个快乐的生日宴会。"阿福抢先说。

"啊，我差点儿忘了今天是自己的生日。"妈妈感动地说，"你们真是我见过的最能干的小家伙！"

阿黑得意地说："我们还请了邻居，一会儿大家都会来参加您的生日宴会。"

"那太好了！你们先帮我招呼客人，我去换件漂亮衣服。"

天黑了，妈妈穿着礼服站在门口等了好久，但一个邻居也没有来。她问孩子们："你们都请了谁？"

哥哥们问阿福："你请了谁？"

"啊，我……我错了，我去采花，忘了通知邻居了……"阿福难

过地低下了头。

妈妈说:"没关系,我们现在就去请邻居们。他们会愿意和我们一起分享快乐的。"

邻居们都来了,妈妈的生日宴会真热闹啊!

02　等待秋天

大哥阿黑上学去了,阿白和阿福也想去。可长耳朵老师说,他们太小了,等到下个春天才能去上学。

阿黑每天放学后,就在院子里做作业。这一天,老师布置的作业是朗读课文,阿黑大声读:"秋天来了,天气凉了,大雁往南飞。"

阿福好奇地问:"秋天还有什么?"

阿黑说:"长耳朵老师说,很多庄稼和水果都会在秋天成熟,到那个时候,我们可以过一个丰收节。"

"丰收节,是不是有很多好吃的?"阿福连忙问,"有我喜欢的甜玉米吗?"

阿黑点点头说："有啊，还有我喜欢的苹果呢。"

阿福最喜欢吃甜玉米，黄澄澄的玉米粒脆脆的、甜甜的，咬一口，满嘴都是香甜的味道。阿福也喜欢吃苹果，不论是红苹果还是绿苹果她都喜欢。

阿福高兴地说："秋天真好啊！明天秋天会来吗？"

阿黑笑了起来："长耳朵老师说了，还要等一段时间呢，现在啊，是夏天。"

第二天早晨，阿福早早地来到村口的大树下，她静静地坐在那里等待着。

阿白看到了，问阿福："你在做什么？"

阿福说："我在等秋天。"

阿白说："秋天有很多好吃的，我和你一起等吧。"

阿黑看到了，问他们："你们在干什么？"

阿福说："我们在等秋天，你也来一起等吧。"

阿黑想了想，坐下来，和他们一起等。他们一边等，一边在心里

想着好吃的。

　　有小伙伴经过的时候,他们就邀请大家一起等秋天。从这天开始,村里的小伙伴们每天都在大树下等秋天。

　　有一天,大家正坐在树下等秋天的时候,一阵风吹过,有几片树叶落了下来。

　　小公鸡喔喔大叫起来:"喔喔喔,秋天来了!"

　　阿福四处看了看,问道:"秋天在哪里?我怎么没看到?"

小公鸡喔喔捡起那片树叶,说:"妈妈说,秋天来的时候,树叶会落下来。"

又一阵风吹过,大雨哗啦啦地下了起来。小伙伴们都往家跑,只有阿福还留在树下。她想:下雨了,秋天到哪里躲雨呢?阿黑和阿白跑回家后,看到阿福没回来,只好打着伞去把阿福接回了家。

阿福淋了雨,发烧了。小伙伴们来看阿福,小公鸡喔喔带来一束红色的枫叶当作礼物。

妈妈把枫叶插进花瓶,对大家说:"枫叶红了,草儿黄了,苹果熟了,秋天就来了。"

"真的吗?"阿福一翻身坐了起来,"哈哈,秋天要是知道我们在树下等了它那么久,一定会很高兴的。"

03　一个桃子长大了

春天的时候,阿福认识了一朵桃花。

这是一朵小小的桃花,她开在桃树最低的一根枝条上。其他的桃花都已经凋谢了,这朵桃花才刚刚盛开。

这一天,阿福低着头从桃树下走过,突然听到一个声音说:"你好,请问你能帮帮我吗?"

阿福抬起头,看到了一朵美丽的桃花。这朵桃花有五片粉红色的花瓣,它们紧紧地挨在一起,像是一个粉色的小碟子。花瓣的中央,有一簇嫩黄色的花蕊,每根花蕊上都有一个金黄色的小圆球。

阿福问:"我能帮你做什么?"

"今天晚上有大雨,说不定我会被雨点打落。"桃花担心地说。

阿福想了想,回家拿来一把伞绑在桃树上。她对桃花说:"有了这把伞,下大雨你也不用怕了。"

桃花感激地说:"谢谢你!"

第二天,阿福一大早就来到桃树前,发现桃花只剩下四片花瓣了,她惊慌地叫起来:"天哪,你的一片花瓣不见了!"

桃花回答说:"没关系,如果我要变成一个桃子,还会失去另外四片花瓣。"

这时,又有一片花瓣落了下来,阿福好奇地问:"你不愿意做一朵桃花吗?"

桃花笑着说:"不,每一朵桃花都要长大,长大以后就会变成一个桃子。你知道吗,变成一个桃子是一件多么奇妙的事。一朵小小的桃花,花瓣和花蕊都很柔软,可是变成桃子后,她不仅变大很多,还有了坚硬的核和充满汁液的果肉。每一朵桃花都希望自己能够做成这件事。"

阿福听了连连点头说:"确实很神奇,要是我的话,肯定做不到。"

桃花笑了:"嗯,你肯定做不到。我还从来没有见过一条狗能变成桃子呢。"

又过了几天,桃花的花瓣都落了,花托中心长出了一个毛茸茸的绿色小果子。

阿福小心地凑近她,轻声问:"喂,你好,你是那朵桃花吗?"

小果子大声说:"是啊,我是桃花。麻烦你把伞拿走,我需要阳光帮助我变得更大。"于是阿福把伞拿走了。

又过了几天,小果子有拇指大小了,上面还长出了很多细细的绒毛。

又过了几天,小果子有鸡蛋大小了,很像一个小桃子了。阿福羡慕地说:"你真棒,从一朵花变成了一个桃子!"

小桃子笑嘻嘻地说:"谢谢你!只要努力,总会有收获。"

阿福摇摇头:"不一定啊,我再怎么努力也不能变成一个桃子。"

小桃子笑了起来,脸都笑红了:"哈哈,你可以做一条很棒的狗,不用做一个小桃子。"

阿福点点头说:"对啊,我可以做一条很棒的狗。"

04 美景留言册

周末,阿福的爸爸妈妈决定全家去旅游。

妈妈准备了一篮子食物,又给全家准备了新行头,有粉红的花衬衫、绿色的背带裤、大红色的运动鞋,每人还有一顶紫色的帽子。

山羊大婶问他们:"你们这是要去参加演出吗?"

阿福抢着说:"不,我们要去旅游。"

爸爸说:"爬山的人那么多,我们穿成这样一眼就能认出来,不会走丢。"

山羊大婶点点头说:"这样确实很特别,一看就是一家人。"

他们高高兴兴地出发了。很快,他们来到了一座山下。

这里有一座古塔，妈妈提议休息一下。爸爸围着古塔转了一圈，惊讶地发现，在古塔的最高处歪歪扭扭地写着四个字：到此一游。

爸爸说："哇，谁能在这么高的地方写字，真了不起！"

阿黑说："长耳朵老师说了，不能随便在建筑物上写字，那是破坏文物。"

阿白和阿福也说："就是就是，要听长耳朵老师的话。"

爸爸挥挥手说："去去去，你们懂什么！古时候有学问的人走到山清水秀的地方都会留下自己的书法作品，以后这些地方就变成了名胜古迹。如果今天我在这里写几个字，说不定……"

"说不定就会被长耳朵老师骂。"阿黑说。

爸爸不高兴了，他卷起衣袖说："哼，我才不管长耳朵老师说什么呢，我要把我们一家四口的名字都写在这些砖头上，每块砖头上都要写。"

爸爸说着，掏出一把小刀开始在砖头上比比画画："嗯……这些砖头好硬啊，估计一个小时才能写下一个名字。"

妈妈担心地说："这里至少有上千块砖头，如果要在每块砖头上都写上我们的名字，我们就没时间爬山了。"

爸爸摊开手问："那怎么办？我刚才已经说了要在每块砖头上都写下我们的名字，我不能当着孩子的面说谎吧，对不对？"

阿黑、阿白和阿福一齐说："没关系，没关系，我们快爬山去吧！"

爸爸不肯走,他坚持说:"这里的风景那么美,我一定要写点什么。"

阿黑想了想,从背包里掏出一本作业本递给爸爸:"您就写在这里吧。明天上学的时候我带到教室去,让长耳朵老师读给大家听。"

"我有一个更好的办法。"阿福大声说,"我们可以把本子留在这里让大家都在这个本子上写下点什么,后面来的人就知道前面的人想说什么了。"

"这个办法好!"爸爸在阿黑的作业本封面上写了"请留言"三个字,又在第一页上写了"到此一游"四个字和一家四口的名字,然后把本子挂在古塔的门洞里。

阿黑对爸爸竖起了大拇指:"长耳朵老师知道了一定会表扬您的。"

一家人高高兴兴地爬山去了。

05　原来生气也很好

小狗阿福今天很生气。

早晨刚出门,她的尾巴就被门夹住了。虽然妈妈赶过来把门打开了,但阿福的尾巴还是像被火烧了一样,火辣辣地疼。

中午,妈妈做了阿福爱吃的烤红薯,可阿福第一口就咬到了自己的舌头,疼得她跳了起来。舌头好疼啊,阿福花了很长时间才把剩下的红薯吃完。

阿福吃完饭连忙往海滩上跑,今天,她和小伙伴们约好去海滩玩。可当她跑到那里的时候,小伙伴们已经开始游戏了。

大家每两个一组,在海滩上挖沙堆塔,比赛哪一组堆得高。

阿福着急地问:"谁和我一组?"

大家都忙着堆沙塔,谁也没理她。

阿福生气了,她跑到沙滩的另一边,用脚爪在沙滩上画圆圈,一边画,一边说:"让你们不跟我玩,让你们不跟我玩,谁不跟我玩,今天晚上谁就尿床!"

涨潮了,一阵海浪翻卷着扑过来,沙滩上画的圆圈都不见了。

阿福生气地对海浪喊道:"把我的圆圈还给我!"

海浪大声咆哮着,继续翻滚着涌过来。阿福不肯往后退,她跳到一块礁石上对着海浪大喊,有几次差点儿被海浪掀翻了。海水很快淹没了这片沙滩。看到身边都是海水,阿福害怕得哭了起来。

"阿福,你在哪里?"远处传来小伙伴们的喊声。

阿福连忙大声回答:"我在这里!我在这里!"

小伙伴们都跑过来了,大家对着阿福喊道:"别害怕!我们会来救你的!"

爸爸也来了,他跳进水里,游到礁石旁边说:"下来吧,跟在我身后,游到岸上去。"

阿福紧张地说:"我不会游泳。"

爸爸鼓励她:"所有的小狗都会游泳,你不试一试怎么知道呢?"

阿福鼓起勇气跳入水中,跟在爸爸的身后游到了岸边。看到阿福平安了,大家都很高兴。

青蛙呱呱和小公鸡喔喔对阿福说:"阿福,下次我们一起堆沙塔。"

"好!"阿福不好意思地点点头,"刚才我在沙滩上画了很多圆圈,让你们今晚都尿床。是我不好。"

小公鸡喔喔连忙问:"你画的圆圈在哪里?"

阿福小声说:"都被海浪卷走了。"

大家都笑了起来:"阿福,那些圆圈被海浪卷走了,不就是没画成嘛,我们不怪你。"

回家的路上,阿福对哥哥们说:"原来生气也很好。"

阿黑惊讶地问:"为什么?"

阿福笑着说:"如果我没有生气,没有画圆圈,圆圈没有被海浪卷走,我没有被困在礁石上,怎么知道大家这么关心我呢?"

06 一颗牙齿掉下来

舅舅家生了一个小宝宝,爸爸妈妈要去祝贺。

妈妈提前给孩子们做好了鲜奶糯米饭,让他们自己吃晚饭。

鲜奶糯米饭盛在红色的盘子里,闻起来香喷喷的,大家吃得可开心了。

突然,阿黑举着勺子说:"哎呀!我的牙掉了。"

阿福一看,阿黑的勺子里有一颗白色的牙齿,急忙说:"我知道爸爸的胶水放在哪里,我们用胶水把牙粘上去吧。"

阿白和阿福先把阿黑掉下来的牙齿涂满胶水,然后让阿黑张大嘴巴,把涂满胶水的牙齿放在原来的位置上。可是,只要他们一放手,

那颗牙齿马上又掉了下来。

阿黑口齿不清地说:"我们应该去找医生!"

他们连忙跑到白猫医生的诊所。白猫医生检查了阿黑的牙齿后说:"一切都很正常,你还会掉第二颗牙、第三颗牙……直到所有的牙都掉光。"

阿黑吓得哭了起来,一边哭,一边说:"没有了牙齿,我就吃不了饭;吃不了饭,我就会饿死。"

阿白和阿福想到哥哥可能被饿死,也哭了起来。

白猫医生用力拍了一下桌子:"别哭了,你们的牙也会掉光的!"

小狗们哭得更厉害了。白猫医生叹了口气说:"我的话还没说完呢。这些牙掉光以后,你们会长出新牙。每个小狗都要换牙,这有什么好大惊小怪的?"

　　阿黑不哭了,他对白猫医生说:"我不想换牙,我原来的牙齿挺好的。麻烦您对我的牙齿说,我不需要新牙齿。"

　　白猫医生瞪了阿黑一眼:"去去去,别在这儿捣蛋。我是医生,我只知道治牙病,不会跟牙齿说话。"

　　爸爸妈妈赶来了,把几个孩子带回了家。

　　从这天开始,阿黑每天早晨第一件事就是看他的牙长出来了没有。可好几天过去了,他的牙还是没有长出来。

阿白对阿黑说:"还记得上次外婆生病的时候我们去看望她吗?妈妈说,病人心情不好,恢复得就慢。你的牙齿可能是心情不好,所以它不肯长出来。"

"那怎么办?"阿黑着急地问。

阿福说:"每天给它唱歌吧,牙齿的心情好了,说不定就会长出来了。我可以给它唱歌。"

阿黑连忙捂住阿福的嘴:"谢谢你,谢谢你,你上次唱歌把妈妈吓得差点儿摔了一跤。要是把我的牙吓得不肯长出来怎么办?你千万不要唱,我自己唱就好了。"

阿福挣脱了阿黑,说:"说不定……说不定你的牙齿会喜欢呢。"

阿黑吓得连忙跑开了。

小伙伴们听说阿黑掉了一颗牙,都跑来看。阿黑张大嘴巴指给大家看,嘴里的哪颗牙不见了。

阿福羡慕地看着哥哥,心想:我要是也掉了一颗牙该多好啊!

07　带着妈妈去上学

阿福等啊等，春天终于来了。春天到了，阿福就可以和哥哥们一起上学去了。

阿福很高兴，她整天跟在阿黑身后问："上学都要做些什么呢？"

阿黑告诉她："上课的时候要听长耳朵老师讲课，要完成作业，课间操时间要到操场上做操，放学以后要打扫卫生。"

阿福好奇地问："你第一天上学的时候长耳朵老师讲了什么？"

"哎呀，想不起来了。你自己去上学的时候不就知道了吗？"阿黑担心阿福有更多的问题，连忙跑开了。

"长耳朵老师第一节课会讲什么呢？"阿福站在路口，向每一个路

过的人问这个问题。

山羊大婶说:"他一定会说,上课的时候不能打瞌睡。"

黑猪大叔说:"他一定会说,上课的时候不许吃东西。"

黄牛伯伯说:"他一定会说,上课的时候不能随便说话。"

阿福一边往家走,一边念叨着:"不能打瞌睡,不许吃东西,不能随便讲话。"她突然停住了脚步,"天哪,不吃东西,不睡觉,还不许说话,那我没饿死也会困死的。"

想到这里,阿福连忙跑回家对妈妈说:"我不去上学了。"

正在给阿福缝书包的妈妈惊讶地问:"为什么?你不喜欢我给你做的书包吗?"

阿福哭着说:"大家说,上课的时候不能吃东西,不能睡觉,不能说话,那怎么可以?"

妈妈笑了起来:"哈哈,傻孩子,上课的时候不能做这些事情,但下课以后可以啊。你看,哥哥每天放学回来,不是都和你一起吃饭、睡觉、说话吗?"

咦,妈妈说得有道理啊!阿福又高兴起来:"妈妈,明天我就要去上学。"

妈妈问阿福:"你记住上课的时候要做什么了吗?"

阿福笑了,说:"刚才不是都说过了吗?不打瞌睡,不吃东西,不随便讲话。"

妈妈把书包递给阿福:"记住,最重要的是要专心听讲。"

阿福重重地点点头说:"嗯嗯,记住了。我一定会专心听长耳朵老师讲课,还有吗?"

"还有,说话的时候要先举手。"

"还有吗?"

"有啊,上课要上卫生间必须经过长耳朵老师同意。"

"嗯,嗯,还有吗?"

"还有啊,向长耳朵老师提问的时候要说'请问'。"

"还有吗?"

"还有,如果别人为你做了什么,你要说'谢谢'。"

阿福掰着手指头数了数:"嗯嗯,我都记住了,可以走了吗?"

妈妈点点头:"可以了,还有什么不懂的就问长耳朵老师。"

阿福小声说:"我想带妈妈去上学可以吗?有什么不懂的我就可以问妈妈了。"

08 第一次做菜的厨师

长耳朵老师布置的作业很有趣。

有时候是捡一片美丽的树叶,有时候是观察一只蚂蚁一分钟走了多远。今天,长耳朵老师给大家布置的作业是:学着做一道自己最喜欢的菜。

长耳朵老师说:"不要小看家务活,做好了也可以成为大师。比如,专心做菜,就可以成为一个最棒的厨师。"

阿福咽了一口口水:"我要做一个最棒的厨师,每天都给大家做好吃的。"

阿福跑回家,家里一个人也没有,爸爸妈妈还没回来,哥哥们不知道到哪里去了。她想了想，决定自己做一个红烧土豆，因为她最喜欢吃的菜就是红烧土豆。

妈妈做菜前，总是先系上围裙，所以，阿福拿过妈妈的围裙系在身上。妈妈的围裙好长啊，阿福刚往前迈了一步，就险些被绊倒了。她只好用嘴咬住围裙的一角往前走。

妈妈做菜的时候总说，配料很重要，所以阿福开始准备配料。红烧土豆的配料有哪些呢？这难不倒阿福。她拿出自己的钱包，嘴里叼着围裙的一角，很快来到了市场。阿福对店主说：

"我要做红烧土豆，请给我一些配料。"

店主选了菜油、酱油、糖粉和其他一些东西，将它们一起包好递给阿福，然后问她："你知道它们该怎么用吗？"

阿福摇摇头，店主耐心地告诉她，先放什么，再放什么。阿福认真地听完后，对店主说："我记住了，谢谢您！"

回到家，大家还没有回来。阿福点燃了炉火，把锅放上去，按照店主告诉她的顺序，把配料一点一点放进锅里。

配料终于放完了，阿福放了

一瓢水在锅里。可是，好像有什么地方不对，阿福记得，妈妈烧红烧土豆的时候好像不是这样的。

妈妈回来了，看到阿福站在灶台前发呆，就问她："阿福，你在做什么？"

"我在做红烧土豆啊。"阿福笑着说。

妈妈看了看锅里，问阿福："土豆在哪里？"

阿福终于知道自己哪里做得不对了，原来是没有准备土豆啊。

09　太阳是怎么回家的

这一天，长耳朵老师带着大家读课文："早晨，太阳从东边升起，照亮了大地；夜晚，太阳从西边落下，黑夜降临了。"

阿福有个问题想问长耳朵老师，但她记得大家说过，上课不可以说话，所以她只好紧紧捂住自己的嘴巴。

长耳朵老师看到了，奇怪地问："阿福，你为什么捂着嘴？"

阿福支支吾吾地比画着："呜呜，呜呜，呜呜……"

长耳朵老师明白了，对阿福说："上课的时候，如果老师让你说话，你就可以说。"

阿福连忙问："太阳为什么会从东边升起，从西边落下？"

"是啊，是啊，为什么呢？"教室里热闹起来，大家都在问。

长耳朵老师拉了拉自己的长耳朵："这个……这个嘛，书里就是这么写的。所以，太阳每天就从东边升起，从西边落下。"

"为什么书里要这么写呢？"阿福还是不明白。

长耳朵老师拍了拍阿福的头："这个问题不是一句话两句话就可以解释清楚的。你们提出的很多问题，等你们长大就明白了。"

"为什么长大就明白了？"阿福继续问。

长耳朵老师咳嗽了两声："好了，好了，大家跟我出去吧。"

大家跟着长耳朵老师来到了校园外，长耳朵老师指着通向村庄的一条小路问大家："这条路可以去哪里？"

阿福说："我知道，回家。"

长耳朵老师点点头说："这是你们来上学的路，也是回家的路。"

阿福连忙说："回家就可以吃饭。"

长耳朵老师问阿福："如果不走这条路，你能回家吃饭吗？"

阿福摇摇头说："我没试过，今天放学以后我就试试看。"

长耳朵老师大声说:"谁要你去试?我要告诉你们的是,你们每天从这里来上学,从这里回家。太阳也一样,太阳也要从东边到西边去上学。"

阿福问:"可是,他怎么回家的呢?我没看到他回家,但第二天他又从东边去西边上学了。"

长耳朵老师擦了一把额头上的汗水,问呱呱:"你能回答阿福的问题吗?"

呱呱说:"这个问题很简单,太阳回去的时候天黑了,所以我们看不见他。"

"太棒了!"长耳朵老师带头鼓起了掌,"呱呱说得真好!阿福,你现在明白了吧?太阳回去的

时候天黑了,所以我们看不到他。"

阿福问呱呱:"你怎么知道的,你看到了吗?"

呱呱摇摇头:"我没看到,但就像每个孩子都要回家一样,太阳一定是天黑以后回去的。"

阿福担心地看了看天空中的太阳,问长耳朵老师:"如果太阳长大了,做了爸爸妈妈,不用去上学了,他就不用走这条路了吧?他要是不走这条路,天上还有太阳吗?"

长耳朵老师悄悄擦了一把汗:"这个呀,不一定。说不定,说不定太阳不上学了,也一直在这条路上走呢!哎,那一天还早着呢,到时候再说吧。放学了,放学了,快回家去吧。"

大家背着书包飞快地回家去了。

10　爸爸小时候最想做的事

每天晚上睡觉前,妈妈都会给阿福和哥哥们讲故事。这一天,妈妈不在家,爸爸来给他们讲故事。

爸爸说:"今天我们不讲故事,你们可以每人提一个问题,我来回答。"

阿黑首先问:"我想知道,爸爸小时候最想做的事情是什么?"

爸爸拍了拍阿黑的头:"当然是想长大。"

阿白插嘴问:"爸爸想长大以后做什么?"

爸爸笑了起来:"做你们的爸爸,做爸爸多神气啊!"

阿福问爸爸:"妈妈小时候也想做妈妈吗?"

爸爸愣了一下:"我没问过她这个问题,下次你们可以自己问。"

阿福小声问:"我不想做爸爸,我想做其他事情可以吗?"

大家一起问:"你想做什么事情呢?"

阿福指了指窗外说:"我想知道,我们睡着以后,外面是什么样子的。我想出去看看。"

"爸爸,能带我们出去看看吗?"大家一齐问爸爸。

爸爸站起身,穿上外衣说:"走吧,我们一起去看看。记住,只能去这一次啊。"

大家穿好衣服,走出了家门。阿福走在最前面,她响亮地打了一个喷嚏。

夜晚的风和白天的不一样。夜晚的风是凉凉的,风吹过,阿福就像被一件凉凉的衣服裹住。他们向前走去,来到了一片桃林。

月光下,白天开满桃花的树在夜色中看不出颜色,只能看到一些横七竖八的枝丫;桃树中间的那条石子小路在月光下亮闪闪的,像是一条银子铺成的路;桃林后面的山,只能看到一个黑乎乎的轮廓。天地之间,似乎只剩下黑色一种颜色。

阿福大声说:"这些黑色不一样。有的深,有的浅。"

"是啊,是啊。"阿黑和阿白也发现了,"远处的黑色要浓一些,近处的黑色要淡一些。"

不一会儿,爸爸说:"大家都睡觉了,我们回去吧。"

阿福大声问:"还有谁醒着吗?"

大家安静下来,他们听到了一阵哗哗的水声,虽然很小,但很清晰。

"远处的小河还没有睡觉。"阿福高兴地说,"我们去跟小河打个招呼吧。"

爸爸连忙拉住了她:"小河距离我们很远,等你走到那里的时候,天已经亮啦。"

"好吧。"阿福一边往回走,一边大声说,"小河,晚安!大家,晚安!"

11　云朵星球

周末不用上学,可同学们还是会到学校去。周末有一整天可以玩,真棒啊!

这个周末的下午,大家正在操场上踢球的时候,一阵狂风袭来,刚才还万里无云的天空中突然飘来了很多乌云。一阵电闪雷鸣之后,一场大雨倾盆而下。

大家嘻嘻哈哈地躲进教室,没等擦干身上的雨水,雨就停了。可是,天虽然晴了,但操场上到处都是水,不能再踢球了,大家只好坐在教室门前聊天。

呱呱突然指着天边说:"看,彩虹!"

这道美丽的彩虹就像是一座彩色的桥。彩虹周围飘来了几朵美丽的云彩，她们层层叠叠，像是一座辉煌的宫殿。

呱呱仰着脸说："如果我能到那座云彩的宫殿里去就好了。听说，云彩宫殿里面什么都有。"

"看，那朵云像是一个大大的蛋糕。"阿白指着一块云喊道。

阿黑也指着一朵云喊道："那朵云像是一个桃子。"

呱呱笑了起来："说不定，天上的云彩宫殿里正在举行一场盛大的云彩宴会呢。"

大家都在猜宴会上有什么好吃的，只有阿福想到了一个问题，她

问大家:"这些云彩是从哪里来的?"

跳跳想了想说:"天空是云彩的家。她们一直在天上。"

"那为什么刚才还在那里的一朵云彩现在不见了?"阿福总有那么多的问题要问。

喔喔说:"我听说,所有的云彩都是从云朵星球来的。她们回云朵星球去了吧?"

"云朵星球在哪里?"大家都很好奇。

喔喔摇摇头说:"我也不知道,有机会我们问问云彩吧。"

阿福指着远处的山说:"看,那座山的半山腰就有云,我们去问问她们不就知道了吗?"

他们向着那座山跑去。跑啊跑,跑了很久,可是山还在很远的地方。大家都跑不动了,坐在地上直喘气。

天快黑了,爸爸妈妈在远处喊自己的孩子回家吃饭,他们只好回家了。阿福跟在大家的身后一边往家走,一边在心里说:"有机会,我一定要到云朵星球上去看看。"

12　最干净的教室

上学真好玩啊！

学校里有很多小伙伴，上课的时候一起听长耳朵老师讲课，课后一起在校园的操场上玩游戏，比在家待着好玩多了。

阿福每天早早起床，叫醒哥哥们，然后背起书包，第一个出门去。阿福常常要在校园里等好半天，同学们才陆续到来。

这一天，阿福看到长耳朵老师在打扫校园，就放下书包开始打扫教室。大家走进教室的时候，都惊讶得瞪大了眼睛。大家说，阿福真厉害，把教室打扫得非常干净整洁。

长耳朵老师也表扬了阿福，阿福很高兴，她大声说："以后，教室的清洁卫生就都归我管了。"

第二天，阿福到学校的时间更早了，她把教室的地扫得干干净净，把课桌擦得能照见人影。大家进教室的时候，阿福站在门口喊："小心哦，不要把地弄脏了。"每个走进教室的同学都小心翼翼的。

上课的时候，阿福看到长耳朵老师掉了一根粉笔在地上，连忙跑过去捡起粉笔，再用抹布把地上的粉笔灰擦干净。小公鸡喔喔用橡皮擦的时候，有一些碎屑落在桌面上，阿福赶快把垃圾桶拿到他面前，让他把碎屑放进垃圾桶。阿福整节课都在东张西望，看看是否有什么地方需要打扫，是否有同学需要帮助。

一连几天都是这样，大家变得做什么都要先看看阿福，担心自己把教室弄脏。

这天上课的时候，长耳朵老师对阿福说："这个……阿福，你表现得很好，卫生打扫得非常干净。但是，教室是大家学习的地方，所有同学都有打扫教室的义务，所以，以后还是大家轮流打扫。从今天开始，轮到你值日的时候你再扫地吧。大家有意见吗？"

阿福想说她愿意一个人打扫教室，但同学们都抢着说："我们愿意！我们愿意！"

放学以后，阿福悄悄问长耳朵老师："老师，是我打扫得不干净吗？为什么不让我一个人打扫呢？"

长耳朵老师耐心地说："刚才我不是已经说了吗？打扫教室是每个同学都应该做的事情，你不能不让其他同学参加劳动啊。轮到你打扫的时候，你再打扫就是了。"

从这一天开始，大家轮流打扫教室，每个同学都像阿福一样认真负责。校长先生从教室门口经过的时候，惊讶地说："啊！这是我见过的最干净的教室，应该也是世界上最干净的教室吧！"

13　跟晚霞说再见

阿福每天傍晚都坐在门槛上看日落。

阿黑问:"阿福,太阳每天都这样落下去,有什么好看的?趁天没黑,我们玩去吧。"

阿福摇摇头说:"我不去。"

阿黑在阿福身边坐下来:"那我陪你一起看。"

阿福推开阿黑:"不用不用,你自己玩去吧。"

阿黑抱住阿福:"等太阳落山我们再一起去玩。"

天边的白云渐渐染上了一层华丽的金黄色,夕阳的光芒慢慢减弱,变成了一个暗红色的大球。暗红色的大球向山谷深处滑去,云彩

泛起了一团团红晕,像是被点着了一样。

"太美了!"阿黑轻声说。

晚风轻轻吹过,一群鸟儿从他们头上飞过,飞进远处的林子里。

夕阳扑通一下,落到了山的那边。天空暗了下来,那些金色的、红色的云彩停留在山顶,似乎在目送着太阳的离开。天空慢慢变黑了,有星星亮了起来。

阿福站起身大喊:"晚安!"

阿黑也跟着她喊:"晚安!"

阿白听到了,跑过来问道:"你们在跟谁说晚安?"

阿福轻声说:"天空。有一天我发现,太阳回去的时候天空也该睡觉了。可他还想玩,所以他总是慢吞吞地闭上眼睛。我等在这里,是想等天空的眼睛完全闭上的时候跟他说晚安。这样,天空就能做个好梦了。"

"哇,真好!"阿白说,"以后,我也和你们一起跟天空说晚安。

不过，我们还应该跟树林说晚安，跟小河说晚安，跟每个小伙伴说晚安。"

妈妈听到了，笑着说："你们不用喊出来，在心里说，也一样。"

14　和云朵捉迷藏

这几天下课的时候,同学们都在玩捉迷藏。

阿福每次躲起来,没等到同学找到她,上课铃就响了,她只好和大家一起进教室。

再次玩捉迷藏的时候,阿福问大家:"你们为什么找不到我?"

青蛙呱呱说:"我看到你了,但是你跑得太远了,我就懒得过来抓你。"

小公鸡喔喔说:"没被抓住不是挺好吗?"

阿福摇摇头说:"不,捉迷藏就是要被抓住嘛。"

游戏又开始了,这一次,阿福找了一个教室后面的墙角躲起来。

她想，这个地方不算远，应该会被找到。可是，喔喔最先找到的是小白兔跳跳，阿福还是没被抓住。

放学回家的路上，阿福对呱呱说："我想玩捉迷藏，我想被抓住。"

呱呱笑着说："那还不简单，你来躲，我来抓。"

阿福躲在一棵树后面，呱呱抓到了她；阿福躲在门后面，呱呱也抓到了她。两个人玩了一会儿，呱呱说："这样玩太没意思了，我要回家了。"

阿福孤零零地躺在草地上，叹了一口气："唉，谁来跟我玩捉迷藏啊？"

阿福一抬头，看到了天上的云彩，一朵朵云彩慢悠悠地在天上飘。阿福大声喊道："我们来玩捉迷藏好不好？"

云彩没有说话。阿福想,距离那么远,云彩即使说话了,自己也听不见。于是,她大声说:"你们躲,我来找。"

阿福选择了一朵云,这朵云像是一个圆滚滚的面包。阿福仔细看清楚了云的形状,然后俯下身,把头埋在草丛里,大声数道:"一、二、三、四、五……"

数到十的时候，阿福抬起了头，刚才看到的那朵云果然不见了。在那朵面包一样的云朵的原来的位置上，是一朵书一样的云，而且，还是一本厚厚的书。

阿福大声喊道："喂！你躲好啊，我来找你了。"

阿福仰着头看啊看，看得脖子酸痛，也没找到那朵云。

天快黑了，天色暗下来，云彩被夕阳镶上了一圈金色的花边，阿福喃喃地说："真美啊！"

她坐在地上看着这些云彩不断地变幻着形状，变幻着颜色。直到天黑，看不清天上的云了，她才想起自己在和一朵云捉迷藏。

阿福对着天空摆摆手，大喊道："出来吧，我输啦！明天我们继续玩。面包云，再见！"

15 最棒的厨房

假期到了,爸爸妈妈把几个孩子送到爷爷奶奶家,让他们在那里度假。

爷爷奶奶家的房子很大,阿福是第一次到这里来,阿黑带着她到处看了看。

"这里是客厅,这里是厨房,这里是餐厅,这里是我们的房间,那边是爷爷奶奶的房间,这里是卫生间。这里就不用说了,当然是花园。你自己先熟悉一下吧。"阿黑匆匆说完,就和原来认识的小伙伴玩去了。

阿福来到了厨房。这个厨房很大,比阿福家的客厅还大。阿福觉

得这是一个最棒的厨房。

一进门，就看到一个高高的灶台，灶台上有一口大锅，锅上盖着一个稻草编的锅盖，上面正冒着热气。灶台的上方，挂着一排风干的玉米棒子。

灶台的左边是一个三层高的架子，上面放满了新鲜的蔬菜，有鲜红的西红柿、紫色的茄子、绿色的菠菜和白色的萝卜。

灶台的右边有一个大水池，里面养了好几条大鲤鱼。池子边有一个圆洞，阿福凑过去看了看，里面黑乎乎的，冒出一股凉气。

阿福伸出爪子轻轻地拍了拍池子里的水，几条鱼快速地游了起来。阿福觉得好玩，干脆把尾巴伸进去搅了搅，大鲤鱼游得更快了。

阿福不停地搅，大鲤鱼不停地游。突然，一条大鲤鱼向上一跃，跳进了那个黑乎乎的圆洞里。阿福连忙趴在洞口往下看，洞里很黑，什么都看不到，但能听到哗哗的水声。下面不会是有妖怪吧？

阿福大喊起来："不好啦！妖怪把大鱼吃掉啦！"

听到喊声大家都赶了过来，阿福指着圆洞说："就是这个妖怪把大鱼吃掉的！"

大家笑了起来："阿福啊，这是一眼井。我们喝的水就是从里面打上来的。"

阿福着急地说："大鲤鱼跳进去了，快把他救出来。"

爷爷拿来一个桶，桶上有一根长长的绳子。他把桶放到井里，轻轻摇晃了几下，再用力往上一提，迅速地把绳子收起来，一桶水就被爷爷打上来了。

阿福趴在桶边看了看，桶里没有大鲤鱼。爷爷笑着说："大鲤鱼在井里也能活，说不定哪天打水的时候就把他捞上来了。"

整个假期，阿福最喜欢去的地方就是厨房。只要有空她就去井里打水，想把那条大鲤鱼捞上来。可是，直到阿福离开爷爷家，那条大鲤鱼还没打上来。临走的时候，阿福对爷爷说："如果你们谁捞到了那条鱼，就把他放回井里去，我要自己把他捞上来。"

16　跑步比赛

上学真好玩啊，大家上课一起学习，下课一起玩耍。阿福每天都玩得很高兴，和班里所有的同学都成了好朋友。

每天下课后，大家都争先恐后地打扫教室卫生。阿福好不容易抢到扫帚，可小猫喵喵笑嘻嘻地用自己的尾巴飞快地扫过，地面马上就干净了。

阿福又去抢抹布，想要抹桌子。但青蛙呱呱轻轻一跳，跳到课桌上，白色的肚皮轻轻一抹，桌面就干净了。

阿福急得大声喊道："你们把我想做的事情都做了，我怎么办？"

喔喔笑着说："大家都是好朋友，你就给我们唱歌吧。"

阿福唱歌跑调，几乎没有一首歌能唱准确。但她还是想为同学们做点儿事，只好汪汪汪地唱了起来。阿福唱得不好听，但她唱得很认真，大家一边笑，一边干活。

这时，长耳朵老师进来了。他大声说道："我有事情要宣布。明天，我们要开运动会，希望大家积极参加。"

"什么是运动会？"大家异口同声地问。

长耳朵老师说："就是我们一起运动，有很多比赛项目，跑步、跳远、跳高，还有铅球。所有同学都必须参加跑步比赛。"

放学回家后，晚饭吃的是阿福最喜欢的南瓜饼，大家每人分了一块之后，盘子里还剩下一小块。妈妈把这块饼递给阿福，说："明天要参加赛跑，这块给你吧。多吃点，才有力气。"

爸爸也说："明天阿福第一次参加比赛，两个哥哥一定要多照顾妹妹哦。"

"知道了。"阿黑和阿白都点点头。

第二天，赛跑的发令枪一响，阿福用力迈开脚步跑在了最前面。

但没跑多远,好几个同学就跑到阿福前面去了。他们越跑越快,转眼就消失在树丛后面。阿福往后看了看,后面的小伙伴越来越少。阿福有些着急,她想跑得快一些,但因为刚才跑得太快,现在四条腿像是被绑上了石头,重得提不起来。她又跑了几步,一屁股坐在地上,大哭起来。

阿黑听到她的哭声，跑回来问道："你怎么了？"

阿福说："你们怎么能跑到我的前面去？爸爸妈妈不是说了嘛，你们要照顾我，不能跑到我的前面去。"

阿黑生气地说："这是比赛，如果我们让你就是作弊！"

阿黑说完继续往前跑了。阿福拉住跑过来的呱呱说："我们是好朋友，你不会超过我的，对不对？"

呱呱没理会阿福，跑到她前面去了。阿福生气地一边哭一边往回走。

守在起点的长耳朵老师看到阿福走回来，惊讶地问："你怎么回来了？"

阿福哭哭啼啼地说："他们全跑了，谁也不等我……"

长耳朵老师笑着摇摇头说："阿福，这是比赛，谁也不会等谁。每个人都要尽最大的努力往前跑。"

阿福想了想，明白了。

"我知道了，老师，您把他们都叫回来，我们重新来一次吧。"

17　我们一起打呼噜

长耳朵老师对大家说:"早睡早起身体好。"

"嗯嗯,知道了。"同学们觉得长耳朵老师说得很对,回家以后就每天早睡早起。

冬天来了,早晨躺在暖暖的被窝里真舒服啊,大家都睡得醒不过来。黄牛伯伯耽误了去地里干活,枣红马跃跃不能按时去送信,母鸡咯咯哒没有准备好下蛋,山羊大婶没有吃到新鲜的早餐,黑猪大叔百货店的门口等了很多顾客,堵塞了整条路的交通,阿黑和阿福上学迟到了。

小公鸡喔喔说:"我负责每天叫你们起床吧。"

喔喔担心第二天早晨醒不过来,所以他每睡几分钟就醒一次,这样折腾了一夜,终于在天快亮的时候叫醒了大家。

一连几天都这样,大家都早起了,但喔喔失眠了。尽管他已经困得眼睛都睁不开,但他在窝里扑腾来扑腾去,就是睡不着。

天快亮的时候,喔喔终于睡着了。他一直睡到太阳升得老高才醒来。

长耳朵老师问喔喔:"你为什么没有早早叫醒大家?"

喔喔委屈地说:"刚开始我睡不着,后来睡着了,结果睡过头了。"

黄牛伯伯建议,晚上临睡前吃点儿夜宵,吃得饱饱的就可以睡着。可是,喔喔吃了一大碗玉米粒,把自己撑得直打嗝,还是很晚才睡着。

枣红马跃跃建议,晚上临睡前跑三公里,把自己累得只想睡觉就好了。可是,喔喔跑完三公里后脚很疼,这一天他比平时更晚才睡着。第二天,他比平时更晚才起来。

山羊大婶建议,晚上临睡前数羊,数着数着就可以睡着。可是,喔喔数了三千只羊才睡着，那个时候天已经快亮了。这一天他还是没能早起叫醒大家。

黑猪大叔建议，睡前用草莓沐浴露洗个热水澡，在草莓的香味里可以很快入睡。可是，喔喔一连洗了十次热水澡，用光了一整瓶草莓沐浴露后才睡着。因为羽毛没有干就睡觉，第二天他还感冒了。

感冒了的喔喔发不出声音，嘶哑着嗓子跟大家说："对不起，我不能打鸣，没办法叫醒你们了。"

阿福安慰他说："没关系，冬天过去就好了。"

阿黑、阿白和阿福来到喔喔家，他们想陪陪生病的喔喔。天黑了，小狗们想睡觉了，但喔喔还睡不着。

阿黑打了一个哈欠，阿白也打了一个哈欠，接着阿福也打了一个哈欠。他们三个不停地打哈欠，喔喔也跟着打了起来。不一会儿，小狗们睡着了，他们响亮地打着呼噜："呼——啊——噜，呼——啊——噜……"

听着呼噜声，喔喔睡着了。喔喔这一觉睡得真好啊，他醒来的时候正好叫大家起床,而且,他的感冒也好了。喔喔高兴地对小狗们说:"谢谢你们。昨天晚上我听着你们的呼噜声,睡得真香。"

阿福笑着对喔喔说:"今晚我们教你打呼噜吧,我们一起打呼噜,那样会睡得更香。"

18　追赶太阳的蜗牛

阿福认识了一个新朋友，他的名字叫八牛。八牛是一只蜗牛。

八牛很小，只有阿福一个脚指头那么大。他身上没有毛，肉乎乎的，头顶的两只触角像是戴了一顶透明的帽子。最有趣的是他背上那个青灰色的硬壳，居然是他的小房子。

八牛是家里的第八个孩子，他的哥哥姐姐分别叫一牛、二牛、三牛、四牛……八牛还有两个弟弟，他们叫九牛和十牛。

有一天，八牛对阿福说："明天我们就要分别了，我好想知道太阳从西边的山顶落下去之后去了哪里，所以我要跟着太阳的脚步往前走。"

"那可是很远很远的地方。"阿福钦佩地看着八牛。

八牛坚定地说:"不管多远,我都要去。"

阿福连忙说:"带上我吧,我也想知道太阳落在了哪里。"

八牛说:"好吧,明天我们一大早就出发。"

第二天早晨,阿福在院子里的一片嫩叶下找到了八牛。八牛说:"我用了三个小时的时间爬到这里,继续爬的话,晚上就可以爬到大门口了。"

阿福说:"从这里到大门,我只需要走五步就可以到达。需要我帮助你吗?"

八牛抖动了一下头上的触角,说:"不用不用,自己能做的事情一定要自己做。我要用自己的力量去做这件事。你准备好跟我一起走了吗?"

阿福小声说:"我……我还没跟我爸爸妈妈说这件事,如果他们不同意,我可能就走不了。"

八牛热情地说:"没关系,我走得慢,我先走,在前面等你。他们同意以后你就来追我,我们一定可以找到太阳落下去的地方。"

"好的。"阿福点点头,叼起一片柔软的花瓣,轻轻放在蜗牛面前。

这天晚上,阿福做了一个梦。在梦里,她和八牛一起向太阳落下去的地方爬去。他们一边爬,一边唱歌:"一步,一步,爬,爬,爬。一步,一步,快到啦……"

第二天,阿福醒来之后连忙跑到院子外找八牛,可她找了很久也没找到。看来，他真的爬到很远的地方去了。

阿福在心里对自己说："有一天，我也会到太阳落下的地方去看看，一定要去看一看。"

19　水果节

这天,长耳朵老师宣布说:"明天,我们要过水果节。大家把自己喜欢的水果都带到教室里来吧。"

小兔跳跳带来的是一盒紫红的樱桃,青蛙呱呱带来的是一个大大的黄梨,小公鸡喔喔带来的是一个红红的苹果……长耳朵老师请大家拿着自己的水果到讲台上,讲一讲它的味道。

阿福带了一根黄色的香蕉。这根香蕉很新鲜,上面一个黑点都没有。轮到阿福讲的时候,她举着这根香蕉走上讲台,大声说:"这根香蕉,是世界上最好吃的香蕉!"

喔喔笑了起来:"哈哈,你吃过全世界所有的香蕉吗?"

阿福摇摇头说:"没有。"

喔喔问:"那你怎么知道这是世界上最好吃的香蕉?"

阿福连忙说:"卖香蕉的黑猪大叔说的。"

"哈哈。"喔喔笑得更大声了,"黑猪大叔是个大嘴巴,他撒谎。"

长耳朵老师说:"不许这样说黑猪大叔。好了,现在大家可以吃自己带来的水果了。"

阿福回到自己的座位上,刚剥开香蕉皮,喔喔就跑过来说:"让我尝尝看这是不是世界上最好吃的香蕉。"

阿福想自己先尝一尝,她连忙往后退了一步,不想却踩到了小兔跳跳的脚;跳跳吓得跳了起来,撞到了他后面的青蛙呱呱;呱呱大叫一声跳了起来,跳到了长耳朵老师的头上;长耳朵老师往后一躲,撞到了小猫喵喵。

小猫喵喵正捧着一盒枣子走过来,经长耳朵老师这么一撞,他手里的枣子全都飞了出去,喵喵大哭起来。

大家都安静下来,教室里回荡着喵喵的哭声。长耳朵老师捡起一

个掉在自己脚边的枣子递给喵喵,说:"对不起,我撞到了你。"

青蛙呱呱捡起一个枣子递给喵喵,说:"对不起,我不该跳到长耳朵老师的头上。"

小兔跳跳捡起一个枣子递给喵喵,说:"对不起,我不该撞到呱呱。"

阿福捡起一个枣子递给喵喵,说:"对不起,我不该踩跳跳的脚。"

小公鸡喔喔也走了过来,他对喵喵说:"对不起,我不该去吃阿福的香蕉。"

喵喵连忙说:"没关系,请大家尝尝我带来的枣子吧。"

大家开始吃水果了,他们互相交换着吃。阿福咬了一口香蕉,又咬了一口枣子,再咬了一口黄梨,高兴地说:"真好吃啊!要是每天都是水果节就好了。"

20　特别的生日礼物

下周,阿黑要过生日了。

阿福问:"哥哥,你过生日的时候请大家来玩吗?"

"那当然。"阿黑点点头。

阿福问:"吹蜡烛吗?"

"那当然。"阿黑点点头。

阿福问:"唱生日歌吗?"

"那当然。"阿黑点点头。

阿福问:"你一定会收到很多礼物,可以送我吗?"

"那当然……不,不行。"阿黑连忙摇摇手说,"我可以挑一两件送给你。"

阿福连忙问:"能不能让我自己挑?"

阿黑慷慨地说:"好吧,让你来挑,不过,你只能挑一件。"

"好吧,要是你每天都过生日就好了。"阿福笑嘻嘻地说。

阿黑笑了:"喂,你怎么不希望自己每天都有生日可以过?"

阿福一拍脑门:"对啊,我怎么没想到呢?我算一算,今天是我过完生日的第97、98、99……嗯,是第99天。明天我可以请大家一起来庆祝我生日以后的第一百天。这样,我就又可以收到很多生日礼物了。"

阿黑笑得直不起腰:"哎哟,你要笑死我啊!没有人会庆祝自己生日以后第一百天的。"

阿福认真地说:"为什么不可以?每一天都可以想出一个理由来庆祝一下。"

"每天都庆祝,那么生日那天也和平时一样,还有什么意思呢?"阿黑对阿福说,"别瞎想了,告诉我,你要送我什么礼物。"

阿福不好意思地说:"呵呵,我还没想好呢。放心吧,我一定送你一个跟大家不一样的生日礼物。"

阿黑说:"我过生日那天你别捣乱就不错了。"

阿黑的生日到了。

妈妈给他做了一个大大的蛋糕,还在蛋糕上插满了漂亮的棒棒糖。

小伙伴们都来了,带来了各种各样的生日礼物。包装漂亮的文具、糖果和巧克力摆满了桌子。小伙伴们为阿黑唱生日歌,看着阿黑吹蜡烛,一起吃蛋糕和棒棒糖,玩得可开心了。

晚上,收拾屋子的时候大家才发现,阿福好像一直都没出现。妈妈连忙到院子里大喊:"阿福,你躲到哪里去了?快给我出来。"

大家都帮忙找阿福,可是谁都没有找到。

阿黑难过地说:"阿福可能是找不到合适的生日礼物送我,所以就躲了起来。"

"谁说的?"阿福突然从院子角落的一堆稻草里跳了出来,"我已经送你生日礼物了,你没看见吗?"

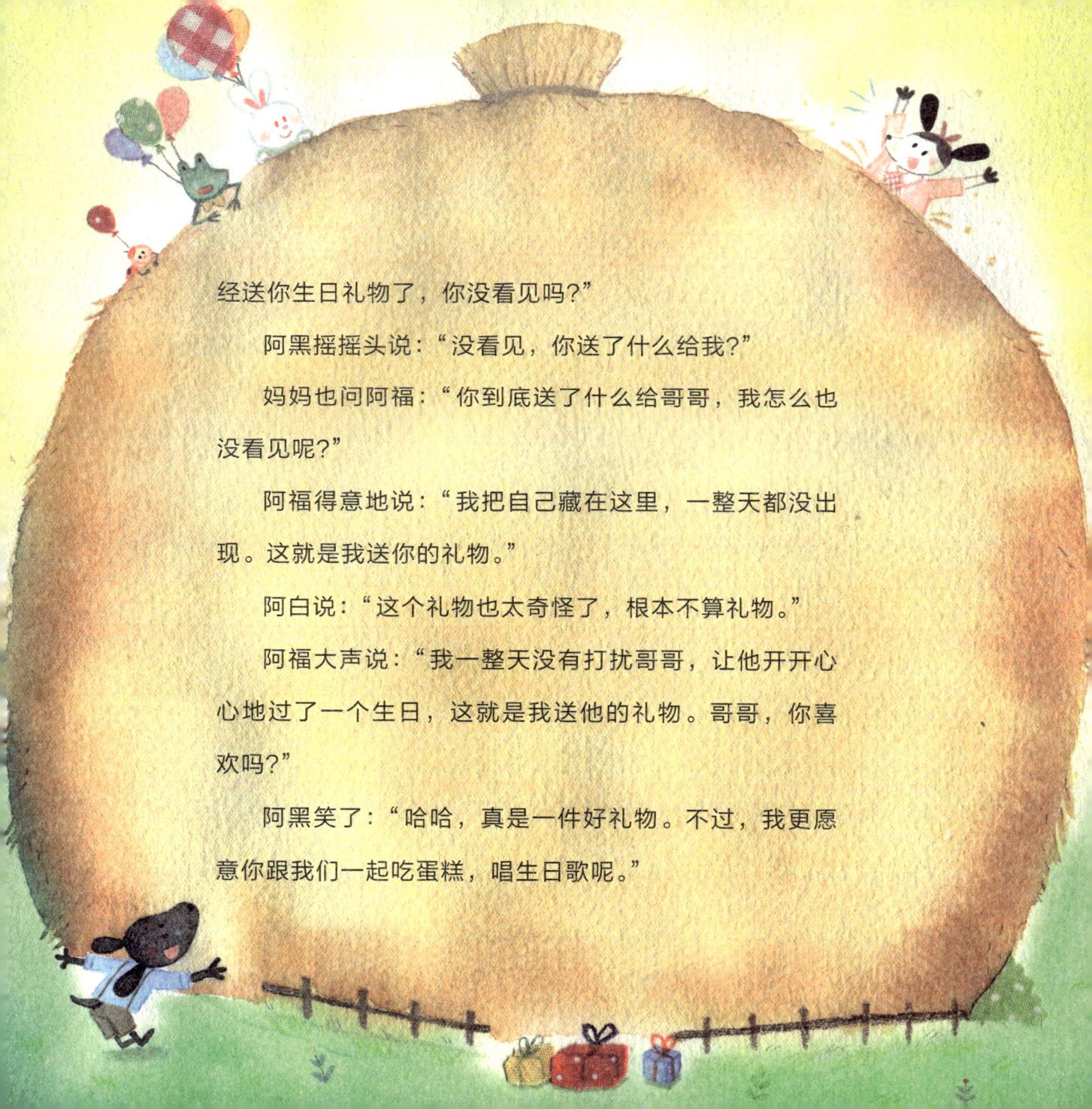

阿黑摇摇头说:"没看见,你送了什么给我?"

妈妈也问阿福:"你到底送了什么给哥哥,我怎么也没看见呢?"

阿福得意地说:"我把自己藏在这里,一整天都没出现。这就是我送你的礼物。"

阿白说:"这个礼物也太奇怪了,根本不算礼物。"

阿福大声说:"我一整天没有打扰哥哥,让他开开心心地过了一个生日,这就是我送他的礼物。哥哥,你喜欢吗?"

阿黑笑了:"哈哈,真是一件好礼物。不过,我更愿意你跟我们一起吃蛋糕,唱生日歌呢。"

21　给书洗个澡

一天，阿福去找小猪哼哼玩。

小猪的妈妈说："哼哼在外面泥潭洗澡呢。"

阿福来到黑乎乎的泥潭边，只见小猪哼哼和几头小猪正在里面滚来滚去。

阿福连忙喊道："哼哼快出来，把身上弄脏了你妈妈会骂你的。"

哼哼笑嘻嘻地说："妈妈不会骂我的，我在洗澡呢。真舒服啊，哼哼哼，阿福，你也下来吧。"

阿福瞪大了眼睛说："你在洗澡？洗澡是用水把身上的脏东西洗掉，你这是把泥涂在身上呢。"

"嘿嘿，这你就不懂了吧！"哼哼又在泥坑里滚了几下，"我们小猪洗澡就是在泥坑里滚。滚上一层厚厚的泥，然后在太阳下晒干，泥皮掉了以后，可舒服了。你也快跳下来吧。"

其他小猪也在叫阿福，阿福犹豫了一下，鼓起勇气跳了进去。

泥潭里的泥软软的，黏黏的，阿福打了两个滚后想要跳起来，但一用力，后腿就陷进泥浆里。她越用力就陷得越深，阿福吓得哇哇大叫。

哼哼带着几只小猪过来了，他们用头轻轻一拱，阿福就被抬了起来。她连忙跳到了地面上，抖了抖身子，着急地说："哎呀呀，我全身都是泥浆，妈妈看到了要骂我的。"

阿黑正好路过这里，看到阿福满身泥浆，说："哎，你不想做小狗，要做小猪了吗？"

阿福急得要哭了："不是不是，哥哥，是哼哼叫我和他们一起洗澡的。现在我该怎么办？"

阿黑朝四周看了看，发现不远处有一条小水沟，就对阿福说："小狗是用水洗澡的，快到水沟里洗一洗，把这些泥洗干净了再回家吧。"

阿黑带着阿福来到水沟里，让她用清水把身上的泥浆洗干净后，又在太阳下晒干身体，才一起回家。

第二天，阿福放学回来，看到桌上有一本新书，还有一盘柿子。阿福拿起书，一边吃柿子，一边翻开书，一不小心，把柿子泥弄到了书上。她连忙用尾巴去擦，可是越擦越脏，书页上留下了一团黄色的污渍。

就在这时，阿福听到妈妈在院子里说："爸爸给你们寄来了新书和柿子。爸爸在信里说，你们读完那本书，他就回来了。"

"太好了！"阿黑和阿白高兴地喊了起来。

"糟了,要是他们看到我把书弄脏了怎么办?"阿福一着急,抱着书就从窗口跳了出去。

阿福抱着书跑了很久,来到一条小河边。看着书上的污渍,她难过地哭了起来。

天快黑了,远处传来妈妈和哥哥们喊自己回家的声音。阿福看着小河里清亮的流水,突然有了一个主意:我给这本书洗个澡不就好了吗?

阿福把有污渍的那一页放进河水里,那页纸马上就被水浸湿了,变得软绵绵的。阿福想搓洗一下,谁知,手碰到的书页马上变成了碎片。她连忙把书从水里捞起来,书湿漉漉的,好像还厚了很多。

阿福想,小猪用泥浆洗澡,小狗用水洗澡,书该用什么洗澡呢?就在阿福不知道该怎么办的时候,妈妈和哥哥们找到了她。

阿福给大家鞠了一个躬,承认是自己弄脏了书。妈妈和哥哥们没有责怪她,妈妈说:"回家吧,我们一起想办法。"

他们会想出什么好办法呢,你知道吗?

22　倒霉的一天

星期天，爸爸妈妈有事要出去。妈妈走的时候拿出一盘炸得金黄的年糕，对孩子们说："我给你们做好了午饭，中午你们自己吃。"

阿黑闻着香味，流着口水问："现在可以吃吗？"

妈妈说："不行。"

阿福小声说："哥哥，等妈妈走了我们再吃。"

"我就知道你们会这样干。"爸爸把年糕放进一个篮子里，把篮子挂在了屋顶中央，"吃午饭的时候，隔壁的山羊大婶会替你们拿下来的。"

爸爸妈妈走了。年糕的香味一个劲儿地往小狗们的鼻子里钻。阿

黑想了想，搬了一把椅子放在篮子下，站到椅子上想把篮子拿下来。可篮子挂得很高，阿黑用力踮起脚尖也没能拿下来。

阿白想了想，跑到院子里叼来一根竹竿，对阿黑说："用这个试试。"

竹竿有点儿长，阿黑刚把竹竿立起来，哐啷一声，屋顶的吊灯被敲碎了，阿黑吓得扔掉了竹竿。

"我来试试。"阿白不甘心，他举起了竹竿。这一次，竹竿的另一端把桌上的茶壶和茶杯噼里啪啦地全都扫到地上摔碎了。

"这可是妈妈最喜欢的茶壶和茶杯呀，妈妈一定会生气的。"阿福吓得大叫起来。她小心翼翼地捡起地上的碎瓷片，想把它们粘在一起，但没有成功。阿福小声说："看来我们只能等山羊大婶来了再吃年糕了。"

阿黑有些不甘心地捡起地上的竹竿，说："我再试试。"

这一次，阿黑站在一把椅子上，小心地把篮子从屋顶的挂钩上挑下来。就在阿黑快要抓到篮子的时候，篮子掉了下来，里面的年糕噼里啪啦地掉了一地。

阿福捡起一块，炸得金黄的年糕上沾满了灰。她用手拍了拍，灰尘没有拍掉，反而把手上的泥抹了上去。阿福咬了一口又吐了出来，哭着说："哥哥，我们没午饭吃了。"

"都是这根竹竿闯的祸！"阿福说着，狠狠地把手里的竹竿一扔，哐啷一声，竹竿打中了窗户上的玻璃，玻璃碎了一地。

碎玻璃刚好落在正要进门的山羊大婶的头上，鲜血马上流了出来。山羊大婶大叫起来，周围的邻居连忙把她送到了白猫医生的诊所，又把阿福的爸爸妈妈叫了回来。爸爸妈妈很生气，罚孩子们不许吃晚饭。

没吃中饭的阿福听到没有晚饭吃，立刻哭了起来："呜呜呜，今天真是倒霉的一天啊！"

23　道歉信

阿福每天早晨都和小公鸡喔喔一起去上学，可是，今天阿福去叫喔喔的时候，喔喔已经先走了。

阿福到学校的时候，喔喔正和几个同学一起扔沙包。阿福跑过去问："喔喔，你怎么没等我一起上学？"可喔喔没理她，扭头走开了。

做作业的时候阿福对喔喔说："把你的橡皮借我用用。"喔喔装作没听见，没理她。

放学的时候，阿福对喔喔说："我们一起回家吧。"喔喔扭头走开了。

咦，好奇怪啊！阿福不知道喔喔为什么不理她，闷闷不乐地回家了。

看到阿福没精打采的样子,阿黑问道:"阿福,你怎么了?"

阿福问:"如果你的好朋友不理你,该怎么办?"

"我的好朋友才不会不理我呢。"阿黑笑着说。

阿福垂头丧气地说:"可是,喔喔今天一整天都没理我。"

"一定是你什么地方做得不好,喔喔不高兴了,你好好想想吧。"阿黑对她说。

阿福突然想到了一件事,问道:"要是……要是你只有一颗糖,你会给别人吗?"

阿黑笑着摇摇头说:"嗯,如果这颗糖我不喜欢,我会给;要是我喜欢,我就不给。"

阿福说:"我想起来了,昨天我只有一颗糖,担心喔喔跟我要,就捂着嘴巴悄悄吃了,可是还是被他看到了。"

阿黑笑了起来:"哈哈,你这个小气鬼。"

阿福小声说:"我才不是小气鬼,你不知道草莓味的糖果有多

好吃。"

阿黑点点头说:"我知道的,所以,我昨天吃了很多,只给了你们一人留了一颗。"

"啊,你怎么能这样呢?"阿福生气地跳了起来,但她马上又坐了下来,"不过,我和你一样,我也不想让喔喔吃我的糖。"

阿黑搂住阿福说:"好啦,我保证,以后有好吃的一定和你们一起吃。昨天虽然我一个人吃了很多草莓糖,但我一点儿也不快乐。"

阿福拿出纸笔说:"我要给喔喔写一封道歉信,我应该和喔喔一起分享好东西。"

阿福写好信后,飞快地向喔喔家跑去。半路上,她看到喔喔也举着一个信封跑过来。两个小伙伴不好意思地交换了手里的信封。

阿福写的是:好朋友,原谅我。

喔喔写的是:原谅我,好朋友。

两个好朋友,手拉手一起玩去了。

24　像小狗一样快乐地叫

这段时间长耳朵老师很高兴,他连续几天都表扬了小公鸡喔喔。

第一天,长耳朵老师宣布:"喔喔真棒啊!他是我们叽叽喳喳学校歌手大奖赛的冠军!"

第二天,长耳朵老师宣布:"喔喔太了不起了!他获得了咋咋呼呼小镇歌手大奖赛的冠军。"

第三天,长耳朵老师宣布:"喔喔是我见过的最优秀的小公鸡!他获得了啪嗒啪嗒城歌手大奖赛的冠军。"

晚上回到家,妈妈对孩子们说:"看看人家喔喔,每天都拿一个奖回来,你们什么时候也能拿一个回来呢?"

阿福低着头说:"我们是小狗,不是小公鸡。"

妈妈不以为然地说:"小狗也可以拿一个小狗的奖。"

阿福羡慕地说:"我要是能唱得和喔喔一样好就好了。"

阿黑告诉阿福:"冠军可不是谁都可以拿到的,每天早晨你还在睡觉的时候,喔喔就已经起来练声了。"

阿福对哥哥们说:"我们也来练习唱歌吧,说不定,下次获奖的就是我们,妈妈一定会高兴的。"

"好啊好啊!"大家都同意了,"我们要像喔喔一样拿冠军。"

第二天早晨天还没亮,阿福就一骨碌爬起身,跑到院子里大喊:"喔——汪,喔——汪!"

阿黑和阿白也各自"喔喔——汪汪,喔喔——汪汪"地大叫起来。村里其他小狗听到了,也和他们一起大叫起来。

很多村民跑过来,大家都在问:"出什么事了吗?出什么事了吗?"

妈妈也披着衣服跑了出来,大声问:"你们在做什么?"

阿福连忙说:"我们在练声,我们也准备去参加歌手大赛。"

村民们都嚷嚷起来:"你们这哪里是在唱歌,简直是在乱吼。"

阿黑解释说:"我们在模仿喔喔唱歌呢,不是乱叫。"

妈妈皱起了眉头说:"你们这唱的是什么啊?不像狗叫,也不像鸡叫。"

阿福连忙说:"喔喔唱歌得了冠军,我们要是学会了,下次也能得冠军。"

妈妈摸了摸阿福的头说:"我还是喜欢听你们像小狗一样叫。"

阿黑和阿白不甘心地说:"可是,像喔喔那样唱才能得冠军。"

阿福也接着说:"得了冠军有好多饼干吃。"

妈妈系上围裙,走向厨房:"好吧,我这就去做饼干。你们别唱了。大清早的,邻居们还在睡觉呢,不要吵啊!"

很快,饼干做好了,妈妈做的饼干真香啊!阿福和哥哥们吃了很多块,他们吃得很开心。

吃完饼干,阿福问阿黑:"哥哥,我们还练吗?"

阿黑看了看妈妈,小声说:"不练了,妈妈不让我们吵到别人。"

阿福点点头:"我不想学喔喔唱歌了,小狗就应该像小狗一样叫才对。"

25 好朋友牌计时器

阿福今天很高兴,她的好朋友蜗牛八牛回来了。阿福小心地把八牛带进屋里。看到阿福家的书柜,八牛要求上去看看。

八牛趴在一排书前,指着书说:"我喜欢看写非洲斑马的书,我想到非洲去看看。"

阿福回答:"我也是。"

八牛说:"我喜欢雪山,可是只在书里读到过,真想去看看。"

阿福回答:"我也是。"

八牛说:"我喜欢读诗歌,好多诗歌能让我安静下来。"

阿福回答:"我也是。"

八牛说:"我喜欢这句诗,一片树叶像羽毛一样飞起来。"

阿福回答:"我也是。"

八牛说:"我还喜欢这句,夕阳像个鸭蛋黄。"

阿福回答:"我也是。我家的书不多,明天我们一起到图书馆去看书吧。"

八牛高兴地答应了。

第二天一早,阿福和八牛一起朝图书馆走去。阿福走得很快,八牛走得很慢。阿福走出很远,八牛还在后面。阿福知道,八牛不会让自己背着他走,只好走几步就停下来等八牛。

马上就到中午了,阿福的肚子有些饿,她对八牛说:"你能走快一点吗?"

八牛说:"对不起,我已经走得很快了。"

阿福看到八牛满头大汗,连忙安慰他:"别着急,我等着你。"

阿福提起一条腿,在心里数了二十下再放下,然后提起另一条腿,也数了二十下才放下。她走路的速度比刚才慢了很多,但八牛还是赶不上她。

阿福想了想,提起一条腿,在心里数五十下再放下,然后提起另一条腿,也数五十下才放下。这样,阿福和八牛就可以并肩行走了。

他们一边走,一边讨论他们喜欢的小说,有时候还对街边的景色评论几句,两个小伙伴都很高兴。从这天开始,他们每天都这样结伴去图书馆看书。

黑猪大叔发现他们走路的规律后,告诉了村里所有的动物。

大家知道阿福每走一步要数五十下,就把这当成了计时器。山羊大婶烘烤点心的时候,就数阿福的步子。阿福走完十步,点心正好可以从烤箱里拿出来。

阿福知道了,高兴地对八牛说:"嘿,我们俩一起走路,就是一个好朋友牌计时器。"

26　我的朋友请走开

阿福有了一个新朋友，这个朋友的名字叫苍蝇。阿福非常羡慕苍蝇，因为他能在空中飞，而且还能发出嗡嗡的声音。

一天，阿福告诉妈妈："我有一个朋友，他叫苍蝇。"

妈妈吓了一跳："天哪，你居然和一只苍蝇做了朋友！那以后我们家会不会飞满苍蝇？苍蝇是害虫，他们到处传播疾病！"

阿福连忙说："不对呀，您是不是弄错了？苍蝇很漂亮，他有大大的眼睛、绿色的身体、亮闪闪的翅膀，怎么会是害虫呢？"

妈妈生气地说："真是个傻孩子，苍蝇再好看也是害虫，你要是敢把他带到家里来，我就打死他！"

阿福急忙说:"不会的,不会的,我不会把他带到家里来。"阿福说完,趁妈妈不注意,悄悄地跑出了门。

阿福来到垃圾堆,找到了那只苍蝇,他正在一块烂菜叶上休息。

阿福问:"苍蝇,你长得那么漂亮,还会飞,为什么是害虫呢?"

苍蝇生气地飞了起来,一边飞,一边说:"谁告诉你我是害虫的?你们爱吃蔬菜水果,我爱吃腐烂的东西,这有错吗?"

阿福后退一步,小心地说:"这是妈妈说的,你会传播疾病。"

苍蝇冷笑了一声:"喂,讲点道理好不好?如果我身上携带了病菌,那么我应该第一个得病。请问,为什么我没有生病呢?"

阿福想了想说:"你说的好像有道理。"

苍蝇得意地说:"就是嘛,你们不能冤枉我。我们来玩找东西的游戏吧。这里什么都有，你说一种东西的名字，我想办法把它找出来给你。"

"骨头！"阿福大声说。

苍蝇扇了扇翅膀："这个太容易了。"

他飞到一个高高的垃圾堆上，盘旋了一圈后，对阿福说："来，从这里挖下去，三十厘米下面就有半根骨头。"

阿福爬上垃圾堆，从苍蝇指点的那个地方挖下去，果然挖出了半根骨头，只不过这根骨头有一股臭味。

"快吃吧。"苍蝇得意地看着阿福。

阿福摇摇头说："不，这根骨头已经坏了，吃了会闹肚子的。上次我吃了发臭的东西，整整拉了三天肚子，难受死了。"

"胆小鬼，这样的骨头味道最好。你要是不吃，我就不客气了。"苍蝇说着，趴在骨头上大口大口地吃起来。苍蝇吃饱了，擦擦嘴说："天晚了，你回去吧，明天再来这里找我玩。"

阿福回家的时候，妈妈惊讶地说："天哪，你怎么那么脏，是在垃圾堆里打滚了吗?"

阿福笑呵呵地说:"您怎么知道的?我刚才就是在垃圾堆上玩。"

妈妈什么也没说,把阿福推进浴室,把她摁进了浴缸里用力洗。阿福洗完澡后发现,家里多了好几个苍蝇拍,门口还放了一张大大的粘蝇纸。

妈妈对阿福说:"记住,不许带苍蝇到家里来,也不许再到垃圾堆去玩。"

阿福想到苍蝇明天还要给自己找好吃的,心里很难过。她拿出一张纸写上:我的朋友请走开!然后把这张纸挂到了门外。

看到阿福不高兴,哥哥们围了过来。阿福把苍蝇朋友的事情说了一遍,阿黑问她:"你的苍蝇朋友认识字吗?"

阿福担心起来,心想,如果苍蝇不识字就糟了。她哭了起来。

哥哥们小声说:"明天我们陪你去垃圾堆,告诉苍蝇千万不要到家里来。"

阿福这才开心地笑了。

27　我要做个好警长

一天，啄木鸟警长到学校来教大家怎么过马路，同学们都跟在啄木鸟警长身后认真地学习。啄木鸟警长昂首挺胸的样子真神气啊，阿黑对长耳朵老师说："长大了我也要做警长。"

阿福连忙说："我也想。"

长耳朵老师赞许地说："不错不错，你们都是好孩子。啄木鸟警长很了不起，他每天起早贪黑保护我们的安全，我们要感谢他。"

大家齐声说："谢谢啄木鸟警长！"

回家的路上，阿白说："我长大了也想做警长，可是警长只有一个，我们谁能做呢？"

阿黑说:"做警长要有本领。谁的本领强,谁就能做警长。"

阿白和阿福连忙问:"要有什么本领?"

"还记得啄木鸟警长是怎么走路的吗?我们从学习他走路开始。"阿黑说。

阿福走了几步,阿黑摇摇头说:"不对不对,啄木鸟警长站得笔直,我们得先练习一下。"

阿白连忙点头说:"好啊,好啊,我们一起练。"

阿福举起前腿说:"我来帮你们喊口令吧。"

阿黑同意了。

"稍息!"阿福喊。

阿黑和阿白都伸出一条前腿。

"立正!"阿福喊。

阿黑和阿白把两条前腿并拢。

阿福摇摇头说:"不对,啄木鸟警长只需要并拢两条腿,我们有四条腿,应该四条腿并拢。"

阿黑伸了伸舌头说:"对哦,再来一次。"

阿福大喊:"立正!"

"扑通!"阿黑和阿白都摔在了地上。

阿福奇怪地问:"你们不会立正吗?"

阿黑瞪了阿福一眼说:"怎么不会?我的腿突然有点儿疼。"

阿白也说:"我的腿抽筋了。"

他们休息了一会儿,对阿福说:"好了,接着来吧。"

阿福大喊:"立正!"

"扑通!"阿黑和阿白又摔倒了。

他们互相咬着对方的耳朵爬起来,气喘吁吁地说:"再来!"

"立正!"

"扑通!"

"立正!"

"扑通!"

太阳快落山了,阿黑和阿白浑身是土,阿福的嗓子也哑了。他们一次也没有立正成功。

"做警长真不容易啊!"阿黑疲惫地对阿白说。

阿白擦了一把脸上的泥,说:"我要休息一下,你接着练吧。"

阿福想:"阿黑哥哥真了不起,我要帮助他。"

阿福大喊一声:"立正!"

阿黑想,这次不知道会不会成功,他闭着眼睛并拢了四条腿。

咦,成功了!

站得笔直的阿黑睁开眼睛,只见阿福紧靠在他身旁,用自己的身体支撑着他。

阿黑很感动:"阿福,我们一起练习,都去做警长。"

"汪汪。"阿福高兴地答应了。

阿白不好意思地说:"我就看你们做警长吧。"

28　阿黑大侠

早晨,妈妈一连叫了阿黑十次,他才不情愿地揉着眼睛坐起来:"讨厌,我正在做梦呢。"

阿福问:"哥哥,你做了什么梦?是不是梦见好吃的了?"

"你就知道吃!"阿黑在阿福的屁股上敲了一下,"告诉你吧,我梦见自己做了一回大侠。"

阿福的眼睛亮了:"我也想做大侠,带我到你的梦里去吧。"

"你傻啊,怎么可能到别人的梦里去呢?"妈妈用手指戳了一下阿福的头,"快走吧,再磨蹭你们就迟到了。"

上学的路上,阿福问阿黑:"哥哥,告诉我,你在梦里是怎么做

大侠的?"

阿黑比画着手里的树枝:"这是我的剑,遇到坏蛋我就大喊一声'来者何人,报上名来'。"

阿福问:"然后呢?"

"然后我们就大战五百个回合,最后,我打败了敌人。"阿黑挥舞着手里的树枝继续往前走。

阿福掰着手指头算了算:"五百个,这也太多了。要是我,数一晚上也数不过来呢。哥哥,你真棒!"

他们在小河边遇到了枣红马跃跃。跃跃趴在路边,痛苦地叫唤着:"哎哟,哎哟,我的腿可能断了,你们能不能帮我去找白猫医生呀?"

阿黑说:"好,我马上去。"

阿福拉住了他:"不行,马上就上课了。你要是去找白猫医生就会迟到。"

"可是,跃跃现在需要我们的帮助。"阿黑推开阿福就往前跑。

阿福转身对跃跃说:"对不起,我不能陪你,再不走我上课就要迟到了。"

跃跃低声说:"你走吧。"

阿福踩着铃声走进了教室,长耳朵老师问:"阿黑呢?"

阿福说:"今天他一定会迟到的,他去找白猫医生了。"

长耳朵老师吃了一惊:"怎么了?阿黑病了吗?"

阿福比画着说:"阿黑没病,是跃跃的腿可能断了,阿黑去帮他找白猫医生了。"

长耳朵老师急忙问:"跃跃现在在哪里?"

"就在小河边……"阿福的话还没说完,长耳朵老师已经跑了出去。大家找到跃跃的时候,白猫医生已经赶到了,正在给跃跃包扎。

看到长耳朵老师,白猫医生说:"幸亏阿黑来叫我,否则跃跃失血过多就麻烦了。"

阿黑走过来对长耳朵老师说:"老师,对不起,我今天迟到了。"

"你做得对!"长耳朵老师表扬了阿黑。

阿黑嘿嘿一笑:"老师,不用表扬我,我想做个大侠,你们有事就叫我,我一定帮忙。"

阿福羡慕地看着哥哥。原来,这就是大侠做的事啊。

29　野餐去

一天,长耳朵老师说:"春天来了,我们到郊外野餐去吧。"

第二天,同学们都带着午餐到学校来了。大家要出发的时候,阿福突然哭了起来。原来,她早上匆匆忙忙地出门,把妈妈给她做的饭菜忘在了家里。

阿黑连忙递给她一个饭盒:"我给你带来了。"阿福这才笑了起来。

春天的郊外真美啊,长长的柳枝上长出了许多鹅黄色的嫩芽,篱笆上的迎春花开满了喇叭一样的花朵,大片的杜鹃花像是一块彩色的地毯……大家在草地上跑来跑去,高兴极了。

长耳朵老师提醒道:"你们的书包里有饭盒,小心别弄洒了,要是弄洒了就没东西吃了。"

阿福连忙打开书包检查了一下,饭盒盖得好好的,饭菜没有洒出来。

呱呱发现了一条小河沟,他跳过去,又跳回来,然后大声问:"你们谁能跳过去?谁跳过去,我就请他吃一口我的小米蒸饭。"

黄色的小米蒸饭味道一定不错。小伙伴们争先恐后地跑了过去,一个接一个地往小河沟的对岸跳。

阿福跳过去的时候脚下一滑,险些摔进河沟里,幸亏阿黑伸出手抓住了她。可阿福背上的书包拉链没拉好,她的饭盒掉进了小河沟,饭菜都洒了出来。

呱呱连忙跳到水里,捞起阿福的饭盒。可是,河沟里的饭菜没办法捞起来了。

"汪汪,我的午饭没有了。"阿福哭了起来。

呱呱也哭了:"没想到你们都能跳过来,你们吃了我的午饭,我也没吃的了。"

这时,长耳朵老师在远处招呼大家:"午餐时间到了,可以吃午饭了。"

阿福捧着自己的空饭盒,不知道该怎么办。

呱呱从自己的饭盒里舀了一勺小米蒸饭放进阿福的饭盒,轻声

说:"你跳过去了,这是我答应给你的。"

喔喔走过来,从自己的饭盒里舀了一勺什锦拌饭放进阿福的饭盒,轻声说:"你是我的好朋友,好吃的食物要一起分享。"

大家都跑过来,每人从自己的饭盒里舀了一勺饭给阿福,阿福的饭盒很快就装满了。呱呱把自己的小米蒸饭都给了刚才跳过小河沟的小伙伴,但他的饭盒并没有空,每个吃到小米蒸饭的小伙伴都把自己的饭菜舀了一勺放进他的饭盒里。

大家把自己的饭放进别人的饭盒,自己的饭盒里又装进了别人的饭。每个人的饭盒里都有了很多种饭,大家吃得真开心啊!

30　可以吃的愿望

一天，长耳朵老师告诉同学们："我小时候有一个愿望，我想当一个老师。所以我就努力地学习啊，学习啊，后来，我就成了一个老师。小时候的愿望很重要，你们一定要有一个愿望，然后努力去实现它。"

阿福问："要是实现不了怎么办？"

长耳朵老师说："那万一实现了呢？"

阿福点点头说："知道了，我要好好想想，找出我的愿望。"

阿福想了好几天，终于想到自己的愿望是什么了。她跑到黑猪大叔家的百货店问："听说有一种豆，种下去以后可以长得很高很高。

你们这里有吗?"

黑猪大叔想了想,拿了一把豌豆递给阿福:"豌豆可以吗?"

"豌豆可以长到月亮上去吗?"阿福问。

黑猪大叔奇怪地问:"好像没有这么高,你想到月亮上去吗?"

阿福看了看手里圆圆的豌豆:"长耳朵老师说,我们要有一个愿望。我的愿望是种一棵能够长到月亮上去的植物。"

"然后呢?"黑猪大叔问。

阿福说:"然后,我的愿望就实现了。"

"哈哈哈。"黑猪大叔笑起来,"快去把这些豌豆种在土里吧,祝你的愿望早日实现。"

阿福回到家的时候，妈妈已经做好了晚饭，她连忙把豌豆放在一边开始吃饭。饭还没吃完，青蛙呱呱带着一沓照片来了："你们看，这是我们全家去蝴蝶谷玩的照片。那里到处都是蝴蝶，这些照片都是我拍的。"

"我看看，我看看。"阿福端着饭碗冲过去，一把抢过呱呱手里的照片，碗里的汤洒在了呱呱的照片上。阿福连忙拿抹布去擦，糟糕的是照片越擦越模糊了。

呱呱哭了起来："阿福，我的愿望是做一个摄影师，这些是我第一次拍的照片，可是你把它们弄坏了！"

呱呱哭着回家了。阿福很难过，她想了很久，终于想到一个好办法向呱呱道歉。

第二天早晨,阿福递给呱呱一个小纸包,她小声地说:"呱呱,对不起,昨天我不小心弄坏了你的照片。这是我的愿望,你把它们吃了吧。"

呱呱小心地打开纸包,看到里面有几粒豌豆。他惊讶地问:"你的愿望是豌豆?"

阿福点点头:"你可别小看这些豌豆,说不定它们会长到月亮上去呢。"

呱呱疑惑地问:"那你为什么要我吃了它们?"

阿福不好意思地说:"因为我把你的愿望弄坏了。所以,你可以把我的愿望吃掉。"

呱呱笑了:"阿福,我爸爸已经答应给我重新冲洗那些照片了。我们不用吃了这些豌豆,把它们种下去吧,我也想看看能够长到月亮上去的豌豆是什么样的。等你的豌豆长大了,我可以给它们拍照。"

阿福拿起一颗豌豆递给呱呱,说:"你还是先尝尝我的愿望吧,我的愿望不仅可以长得很高,还可以吃,是不是很棒?"

呱呱伸出舌头舔了舔，把豌豆还给阿福："嗯，味道好像不错，但我更愿意看它们长高的样子。"

两个好朋友手拉手，种豌豆去了。

长耳朵老师看着他们的背影说："冬天可不是种豌豆的季节。不过，只要播下种子，说不定就会发芽呢。"

图书在版编目（CIP）数据

好妈妈共读故事三十篇/余雷著. —杭州：浙江少年儿童出版社，2023.1
（好妈妈共读有办法）
ISBN 978-7-5597-2537-0

Ⅰ.①好… Ⅱ.①余… Ⅲ.①阅读辅导－亲子教育 Ⅳ.①G252.17②G781

中国版本图书馆 CIP 数据核字（2021）第 150911 号

责任编辑	朱振薇　胡小芳
美术编辑	赵　琳
插图绘制	何　瑞
封面设计	WOTEMAILUN
责任校对	马艾琳
责任印制	王　振

好妈妈共读有办法

好妈妈共读故事三十篇
HAO MAMA GONG DU GUSHI SANSHI PIAN

余雷 著

浙江少年儿童出版社出版发行
（杭州市天目山路 40 号）
浙江超能印业有限公司印刷　全国各地新华书店经销
开本 850mm×1300mm　1/24　印张 5.33
字数 57600　印数 1—5000
2023 年 1 月第 1 版　2023 年 1 月第 1 次印刷

ISBN 978-7-5597-2537-0　　定价：38.00 元
（如有印装质量问题，影响阅读，请与购买书店或承印厂联系调换）
承印厂联系电话：0573-84461338